Onder een grote paddenstoel. Via schimmelnetwerken de leeromgeving krachtiger maken.

Martijn van Schaik

Published by Practoraat Krachtige Leeromgeving, 2023.

Inhoudsopgave

Onder een grote paddenstoel. Via schimmelnetwerken de leeromgeving krachtiger maken.

Startpublicatie van het practoraat Krachtige Leeromgeving Da Vinci College Dordrecht

Eerste editie, april 2023

Martijn van Schaik

Practoraat Krachtige Leeromgeving Da Vinci College Dordrecht.

Omslagillustratie: Andreas Häuslbetz via www.istock.com (Stockfoto ID:1468440614)

ISBN e-book: 9798215636213

ISBN gedrukte versie: 9798215161678

Metaforen en de werkelijkheid

Redelijk wat titels en metaforen zijn de revue gepasseerd voor deze publicatie. Een vlag moet wel de lading dekken en metaforen werken zo lekker, maar het komt natuurlijk wel nauw. Taal maakt uit. Taal is ook het symbolisch systeem waarmee we de werkelijkheid 'vertalen'.[1]

Een bekende metafoor in het onderwijs is die van het steigerbouwen (scaffolding). Als je daar google Scholar even op loslaat krijg je meer dan 700000 resultaten (ik heb 'education' aan de zoekopdracht toegevoegd, want anders waren het er meer dan een miljoen). Het probleem daarbij is dat zo'n concept ook een eigen leven kan gaan leiden. Of zoals Pea het zegt:

> *"the concept of scaffolding has become so broad in its meanings in the field of educational research and the learning sciences that it has become unclear in its significance." (in Van de Pol, Volman en Beishuizen, 2010)*

Iedereen kan er dus zijn eigen versie van maken en te pas en te onpas gebruiken. Waarschijnlijk is dat nauwelijks te voorkomen bij een aansprekende metafoor, dan alleen telkens te wijzen op de (wetenschappelijke) oorsprong van het idee.[2]

De metaforen die ik hieronder ga gebruiken komen voort uit de cultuurhistorische activiteitstheorie, de theorie waar Vygotskij de grondlegger van was (dat geldt trouwens ook voor scaffolding). Ze hangen dus samen en zijn consistent met elkaar. Het gaat om 'ankerwerpen' en schimmelnetwerken van paddenstoelen.

Als je in de oude nintendo-game Supermario een paddenstoel op je hoofd krijgt, dan wordt je groter. Als je groter bent, kun je via een sluiproute sneller door het level heen. Warping heet dat. Warping is dus een versnelling die wij vanuit ons practoraat en met de teams ook willen bereiken. In het Nederlands: ankerwerpen.

In de game verplaats je je dus door een op het oog onzichtbaar netwerk van gangen en tunnels. Daar kom je in terecht met behulp van (onder andere) een paddenstoel. Leuk bedacht van de makers van de game, want paddenstoelen hebben dus ook zo'n onzichtbaar ondergronds netwerk, mycorrhizzae heet dat.[3]

De werkelijkheid is natuurlijk geen nintendo-game en het onderwijs bestaat niet uit een bos vol paddenstoelen, dus ik wil de metafoor niet te ver doorvoeren. De twee beelden gebruik ik slechts om te inspireren; om een ander perspectief te bieden op die werkelijkheid. Rober Dijkgraaf noemde dat ooit 'blikwisselingen' (Putters, 2022). Inspireren door een andere blik te bieden vraagt wat van het publiek, de lezer, zoals krachtig onderwijs ook iets van de student vraagt. Deze publicatie kan misschien wat verwarring wekken en het is dan ook nadrukkelijk een uitnodiging tot dialoog om samen daarmee vooruit en in actie te komen.

De tekst kan gezien worden als het anker dat we als practoraat uitwerpen om ons verder te gaan bewegen door het onder- en bovengrondse netwerk in en rond het Da Vinci college.[4] Het is onze visie op hoe we in beweging blijven richting een krachtigere leeromgeving.

Ankerwerpen

Onlangs vond ik in een wetenschappelijk artikel van Sannino (2022) het concept 'warping'. Het idee is dat je ankers niet alleen kan gebruiken om niet af te drijven, maar ook om uit te werpen (warpen) om uit de problemen en vooruit te komen: een trek- of werpanker. Die problemen zijn niet altijd woelige wateren, maar kunnen ook wensen tot verbetering en verandering zijn. Je staat met je team op de voorplecht van je schip en werpt een anker uit om in beweging te komen. Soms lukt dat, het anker heeft een aangrijpingspunt, soms niet, je mist. Dat zoeken naar een aangrijpingspunt en dat dan ook werkelijk gebruiken om in beweging te komen, dat willen we als practoraat ondersteunen.

Een anker dat stevig genoeg in de bodem grijpt geeft houvast om in verder in actie te kunnen komen. Het anker stabiliseert in wild water, niet alleen doordat je weer vooruit kan, maar het geeft ook stabiliteit om de eerdere gebeurtenissen te analyseren en in te zetten voor verder varen.

Als het werpen van het anker goed lukt, kan het team zich uit het woelige water gaan bewegen. Het team kan in actie komen om hun praktijk (verder) te verbeteren. Dat noemt Sannino 'transformative agency'.

Schimmelnetwerken

Met het practoraat willen we teams en de organisatie helpen vooruit te komen richting krachtigere leeromgevingen.We willen een praktijk helpen ontwikkelen die er nog niet is (of nog niet zichtbaar). Daarvoor moeten we uiteraard beginnen bij de bestaande praktijk en die zichtbaar maken, maar ook de deelnemers aan die praktijk een beeld voorspiegelen waarmee de ontwikkeling vooruit geholpen kan worden. Engeström (2007) beschrijft dat type ontwikkelen als knotworking, en daarbij gebruikt hij als metafoor het ondergrondse netwerk van de vruchtlichamen van paddenstoelen en wortels van planten (mycorrhizae).

A mycorrhizae formation is simultaneously a living, expanding process (or bundle of developing connections) and a relatively durable, stabilized structure; both a mental landscape and a material infrastructure. (p. 11)

Het idee erachter is dat ontwikkeling niet zozeer van buitenaf komt, maar van binnenuit. Vanuit inspiratie en blikwisselingen tussen deelnemers in en tussen verschillende praktijken. De docent die in meerdere teams werkt kan bijvoorbeeld een verbetering van het ene team ook inzetten in het anderen. Een docentonderzoeker schrijft niet alleen een onderzoeksverslag, maar helpt ook ontwikkelen tijdens het onderzoeken en inspireert het team en haar collega's. Zo'n netwerk is niet te formaliseren, maar moet gevoed worden. Er moet vooral ruimte zijn voor het proberen en uitzoeken. Het practoraat wil helpen die ruimte te vinden en andere perspectieven richting een krachtige leeromgeving te verkennen. We gooien samen met teams en docenten een werpanker uit en voeden zo het schimmelnetwerk.

Praktisch kader

Nieuwe of andere perspectieven bestaan niet in een vacuüm, maar zijn hypothetische praktijken die vanuit één of meerdere contexten ontstaan. Ilya Zitter noemt ze tussenpraktijken (2021). Aangezien tussenpraktijken zich meestal niet vanzelf ontwikkelen is de kernactiviteit van het practoraat het doen ontwikkelen van tussenpraktijken (inclusief die van haar zelf).

Een klassieke onderzoeksaanpak zou betekenen dat we als onderzoekers de hypothese opstellen en de aanvankelijke onderzoeksvraag verder preciseren en de concepten daarin operationaliseren. Uit voorgaande is hopelijk duidelijk geworden dat we die klassieke aanpak niet zullen volgen, maar dat we beginnen bij de praktijk en deelnemers aan die praktijk. Dat is de context voor het werk van het practoraat. Het is ons praktisch kader.

Ik beschrijf hieronder daarom twee praktijken en wat de mogelijke richting is waarheen samen met die teams een trekanker kunnen werpen. Die zoektocht is zowel theoriegestuurd als praktijkgestuurd.[5]

We beginnen bij de praktijk. Hoe krachtig is die nu en op welke manier zou die krachtiger kunnen? Hoe kunnen docenten de studenten helpen een anker te werpen? En hoe kunnen docenten onderling verbindingen leggen tussen opleiding en beroep? In de praktijk zoeken we aan de hand van deze vragen naar contradicties in het systeem die de ontwikkeling tegen houden.

Formatief handelen bij SW

Het team van Sociaal Werk is sinds vorig jaar bezig om een omslag te maken in het formatief handelen. Dit is een rode draad in de kwaliteitsagenda van het team waarbij een omslag gemaakt wordt van beoordelingsgericht naar ontwikkelingsgericht werken.

Het team zoekt naar toetsing die ontwikkelingsgericht is richting zowel de examens áls het beroep.

In deze casus zitten verschillende contradicties. Bijvoorbeeld de verschillende visies binnen team op 'toetsen' met betrekking tot het nut en het doel. Hoe studenten zelf 'beoordeeld' willen worden; korte termijn-denkend, waarbij de focus ligt op het behalen van studiepunten en afronden van de cursus. Studenten zien hierbij onvoldoende de relatie tussen het onderwijs of de cursus en het examen en het beroep. Een andere contradictie is hoe het formatief handelen zich verhoudt tot 'het afrekensysteem'? Er wordt namelijk gewerkt met Osiris en verplicht aantal studiepunten per jaar.

Een eerste stap is gezet, namelijk het ontwikkelen van een gezamenlijke visie op formatief handelen. Een volgende stap zal zijn dat er een *history-future-wall* gemaakt wordt. Waarbij de historische context geschetst zal worden én op een ander blad de wensen voor de toekomst.[6] Via doelgericht uitgooien van een anker (het inzetten van interventies), wordt gewerkt aan het realiseren van toekomstige doelen die niet vooraf star vastliggen, maar waar ruimte is voor beweging en aansluiten bij behoeften die er op dat moment zijn binnen het team.

Hoe spreek je dezelfde taal?

Bij het team Pedagogisch werk/Onderwijs assistent, wordt er samengewerkt met 'PIT' een integraal kindcentrum in Dordrecht. Er is al een aantal jaren gewerkt, plannen gemaakt, geëvalueerd, plannen bijgesteld, er zijn tevredenheidsonderzoeken gehouden etc., om voor de studenten het onderwijs beter af te stemmen op de stage. Daarbij gaan studenten met behulp van projectkaarten aan de slag met een project in de organisatie. Het guerrilla-onderzoek bestaat in eerste instantie uit het bezoeken van een zogenaamde IKC-labbijeenkomst en de werkpraktijk. Het doel hiervan is of in de praktijk terug is te zien wat PIT en het team PW/OA beogen, en of daar mogelijk contradictie(s) in voorkomen. Bijvoorbeeld of bij de begeleiding van de studenten op opleiding en op de stage dezelfde taal gesproken wordt. Dit doen we om te beginnen met het maken van een history wall (zie bijlage 1).

Onderzoek in actie

Wetenschap of onderzoek heeft altijd twee gezichten: één die weet, de ander die nog niet weet (zie Latour, 1987).[7]

We kiezen als practoraat eerder voor de kant die nog niet weet, want we willen op zoek en dus de praktijk. Op zoek naar mogelijkheden voor ontwikkeling. Op zoek naar aanknopingspunten (ankers) voor verbetering. Zodra we die hebben gevonden gaan we ons andere gezicht laten zien en zetten we in wat we al wel weten of kennen van andere praktijken binnen en buiten het Da Vinci College. En met behulp van theorie.

Ons onderzoeken richt zich op het blootleggen van structuren en het op basis daarvan ontwikkelen van instrumenten. We willen het netwerk in kaart brengen waarbinnen kansrijke activiteiten plaatsvinden en de verbindingen in dat netwerk vervolgens versterken.

We ondernemen directe actie met de deelnemers in teams en groepen (zie ook Stetsenko, 2017). We doen dat onderzoekend, in die zin dat we onderzoeksinstrumenten en theorie gebruiken om de praktijk beter en dieper te kunnen begrijpen. Dit is waar onderzoek, ontwerp en ontwikkeling samenkomen.

De theorie die we hiervoor vooral zullen gebruiken is de cultuurhistorisch activiteitstheorie, gebaseerd op de ideeën van Vygotskij.[8] Hij had een uitgesproken opvatting over onderwijs en over de relatie tussen theorie en praktijk (zie Van Schaik, 2021) en ziet de menselijke ontwikkeling in het algemeen als iets dat door de cultuur wordt aangezet en waar het gaat om het beter leren deelnemen aan praktijken door het leren van bestaande instrumenten uit die cultuur.

De activiteitstheorie of handelingstheorie is een iets minder bekende stroom binnen deze benadering waarin het handelen/de activiteit centraal staat (Dit in tegenstelling tot bij andere (leer)theorieën bijvoorbeeld het brein of de cognitie van een individu.) Engeström is met zijn groep in Finland een van de bekendste wetenschappers die de theorie nog steeds verder ontwikkelen.

De activiteitstheorie, zoals geïnterpreteerd door Engeström, is complex en kent veel aspecten. Voor deze publicatie is van belang dat dus de *activiteit* centraal staat en dat de activiteit gericht is op een *object:* waar aan wordt gewerkt?

Dat object is meer dan een doel, het is de richting waarop het handelen gericht is. De uitkomst van het werken aan het object kan een instrument (tool) zijn dat in een volgende activiteit ingezet kan worden. De uitkomsten kunnen ook breder en niet vooraf gedefinieerd zijn, dan is er sprake van 'expansief leren': meer leren dan er vooraf bedacht kan worden (zie Engeström & Sannino, 2010). Dat is waar we op uit zijn.

Het gevolg is dus dat we niet op de klassieke onderzoeksaanpak de aanvankelijke onderzoeksvraag verder preciseren en de concepten daarin operationaliseren. We gaan eerst op zoek naar hoe de praktijken die er nu zijn werken en waaraan daar gewerkt wordt (aan welk object). Die zoektocht is zowel theoriegestuurd als praktijkgestuurd. Van der Veen en Van Oers (2019) beschrijven een vernieuwingsproces het het ontwikkelingsgericht onderwijs in Nederland, dat gebaseerd is op de cultuurhistorische theorie. Ze laten zien dat

"(...) theorie en praktijk niet geschieden moesten worden, maar dat elke praktijk gestuurd werd door (praktijk-)theorieën van docenten, terwijl ook wetenschappers er normatieve denkbeelden op na houden over wat een ideale en realiseerbare onderwijspraktijk zou kunnen zijn."(p.298)

Changelabs

Onze werkwijze is dus gericht op netwerken, praktijken, structuren, activiteiten en objecten. Doel is om werkend aan objecten een praktijk verder te helpen ontwikkelen. De tussenpraktijk voor de studenten en docenten is een praktijk tussen school en werk, die moet leiden tot een krachtigere leeromgeving.

Om die tussenpraktijken te ontwikkelen gebruiken we het model van de formatieve interventie (Sannino, Engeström & Lemos, 2016). In een formatieve interventie werken we samen met de deelnemers in een praktijk aan een object . Vaak zal dat object de vorm hebben van een ontwerp (prototypes van bijvoorbeeld een project van studenten, curriculumdelen enz). Op andere momenten kan het object ook een protocol, een richtlijn, een analyse etc zijn. Belangrijkste kenmerk van het object zou moeten zijn dat het als instrument kan gaan dienen dat ook buiten de activiteit waarin het is ontwikkeld gebruikt kan worden. Een projectopzet voor één opleiding kan ook dienen voor een andere, bijvoorbeeld.

Kenmerk van formatieve interventies is dat ze zichzelf nog zullen *vormen* in de loop van de activiteit. Voor dat proces gebruiken we het Change laboratory (Sannino e.a., 2016). Een changelab is een specifieke vorm van een community of practice (Lave & Wenger, 1991) en is te vergelijken met wat nu vaak met de term Professionele Leergemeenschap wordt aangeduid. Of in de worden van collega-practor Marco Mazereeuw:

> *"De change lab-aanpak (CL) is een semigestructureerde vorm van gezamenlijk onderzoek van vakmensen, begeleiders en onderzoekers waarin formatieve interventies worden ingezet"* (2022, p.41)

Van abstract naar concreet

Voordat we een changelab opzetten, bevragen we eerst wat er waarom gebeurt en zoeken we naar mogelijke tegenstellingen (contradicties). Zodra eerste praktijken globaal in beeld zijn gebracht, worden die praktijken waar een interventie het meest passend en kansrijk is geselecteerd voor het inrichten van een Changelab Een changelab-interventie bestaat meestal uit 1-6 sessie met de deelnemers aan de praktijk. In een voorbereidende sessie en sessie één worden de door het practoraat geformuleerde potentiële contradictie verder uitgewerkt tot een activiteit gericht op het ontwikkelen van mogelijke tussenpraktijken.

Met de deelnemers aan het changelab voeren we samen een systeemanalyse uit met behulp van instrumenten en theoretische concepten uit de cultuurhistorische activiteitstheorie. In feite theoretiseren we de praktijk. Of zoals Davidov dat formuleerde: we klimmen op van abstract naar concreet (1990 in Engeström, 2020). Abstracte concepten van CHAT 'vertalen' we naar concrete handelingen en activiteiten in de praktijk. We maken zo dus een gemeenschappelijke taal. Daarna worden vanuit de eerste analyses voorstellen en plannen in de vorm van modellen gemaakt om tussenpraktijken te creëeren of doorontwikkelen.

Oog voor het onzichtbare

Of je nu de spijsverteringsanatomie uitlegt, met studenten reflecteert na een simulatie of een changelab opzet, het verloop ervan in de praktijk is vrijwel nooit precies te voorspellen. Omgaan met die onzekerheid betekent in actie kunnen komen op basis van je eerdere ervaringen en verder gelegen doelen (of idealen). In de literatuur wordt dat ook wel agency[9] genoemd. Het type eigenaarschap dat we met het practoraat willen helpen ontwikkelen gaat nog iets verder en wordt door Sannino (2022) transformatief genoemd. Het gaat dan om in een complexe context verandering kunnen vormgeven. Dat is geen vaardigheid die zomaar te trainen is en ook niet met klassiek onderzoek vast te stellen. Daar is meer voor nodig, omdat het ook het ontstaan ervan die geleid hebben tot verandering in beeld moet krijgen (Sannino, 2022). Daarom zorgen we dat we verder kijken dan de 'harde' output van de changelabs en formatieve interventies die we plegen. De impact die we willen hebben zit hem in de instrumenten die we de teams helpen ontwikkelen. We zijn, zoals Andriessen (2022) het formuleert te typeren als 'toolontwikkelaars'. Andriessen (2019) spreekt in dit kader van 'doorwerkingsverlangens', die wij typeren als ons verlangen om met behulp van de samen met de professionals ontwikkelde instrumenten voor de praktijk, tussen opleiding en beroep, een beweging in gang te zetten. Het practoraat helpt als het ware de betrokkenen een werpanker uit te gooien om in beweging te komen, analoog aan de 'warping-metafoor' van Sannino.

Dat betekent dat we, om de doorwerking van ons practoraat vast te stellen, op zoek moeten gaan naar die data, bewijsmaterialen, die laten zien wat er gebeurd is, wat er veranderd is en hoe dat proces zich voltrokken heeft. Dat type data is niet altijd even zichtbaar.

Toch willen we kunnen zien hoe het team nieuwe wateren heeft kunnen bevaren en hoe uit de schimmelnetwerken paddenstoelen, of misschien wel hele heksenkringen, gegroeid zijn. Daarvoor zullen we verhalen, prototypes en allerlei getuigenissen moeten opdiepen uit het netwerk. Daarvoor zetten we verschillende methoden in: first person methods, history walls, guerrilla-onderzoek, experience sampling, observaties ect..[10] Vervolgens kan de ene paddenstoel een tunnel openen naar een volgend level.

Inspiratie

(Nummering volgens de voetnoten in de tekst. Niet alle voetnoten hebben een bron in deze lijst)

1) Een van de belangrijke oorspronkelijke werken van Vygotskij blijft actueel en relevant. In het Engels vertaald door Michael Cole.

Vygotskij, L. S., & Cole, M. (1981). *Mind in society: The development of higher psychological processes*. Harvard Univ. Press.

2) Erasmus was een veelschrijver en originele denker, maar ging altijd op zoek naar waar ideeën oorspronkelijk vandaan kwamen. In een uiterst leesbare biografie van hem wordt dat mooi duidelijk.

Langereis, S. (2021). *Erasmus, dwarsdenker: Een biografie*. De Bezige Bij.

3) Behalve een metafoor, staan de schimmelnetwerken ook in de biologie in de belangstelling. Mooi in beeld gebracht en uitgelegd in de Netflix documentaire Fantastic Funghi.

Lear, L.D., Schwartzberg, L., Stemp, E. (Producers). (2019). *Fantastic Funghi* [Documentaire]. Netflix. www.netflix.com[1]

5) Stetsenko gaat systematisch en diepgaand in op actuele interpretaties van het oorspronkelijke werk van Vygotskij en biedt daarbij nieuwe inzichten. Ook in de APA-bronnenlijst opgenomen.

Stetsenko, A. (2017). *The transformative mind: Expanding Vygotsky's approach to development and education*. Cambridge University Press.

7) Latour is op methodologie en wetenschapsfilosofie een grote inspiratie. Lees bijvoorbeeld ook Reassembling the social.

Latour, B. (2005). *Reassembling the social: An introduction to actor-network-theory*. Oxford University Press.

---

1. https://doi.org/www.netflix.com

9) Eigenaarschap is een beperkte vertaling van agency. Priestly e.a. vertalen agency met handelingsvermogen.

Priestley, M., Biesta, G., & Robinson, S. (2015). Teacher Agency. Een ecologische kijk op het handelingsvermogen van leraren. In R. Kneyber & J. Evers (Eds.), *Het Alternatief II. De ladder naar Autonomie* (pp. 17–32). Uitgeverij Phronese.

Bronnen

Andriessen, D. (2019). Doorwerking van onderzoek in complexe vraagstukken | Hogeschool Utrecht. In N. Montesano-Montessori, M. Schipper, D. Andriessen, & K. Greven (Eds.), *BEWEGEN IN COMPLEXITEIT Voorbeelden voor onderwijs, onderzoek en praktijk*. https://www.hu.nl/onderzoek/publicaties/doorwerking-van-onderzoek-in-complexe-vraagstukken

Andriessen, D. (2022, December 14). *Practoraten en onderzoek*. Landelijke practoratendag 2022, Barneveld.

Engeström, Y. (2007). From communities of practice to mycorrhizae. In J. Hughes, N. Jewson, & L. Unwin (Eds.), *Communities of practice: Critical perspectives*. Routeledge.

Engestrom, Y., & Sannino, A. (2010). Studies of Expansive Learning: Foundations, Findings and Future Challenges. *Educational Research Review*, *5*(1), 1–24.

Engeström, Y. (2020). Ascending from the Abstract to the Concrete as a Principle of Expansive Learning. *Psychological Science and Education*, *25*(5), 31–43. https://doi.org/10.17759/pse.2020250503

Latour, B. (1987). *Science in action. How to follow scientists and engineers through society*. Harvard University press.

Lave, J., & Wenger, E. (1991). *Situated learning: Legitimate peripheral participation: Vol. repr.* Cambridge University Press.

Putters, K. (2022). *Het einde van de BV Nederland. Over de noodzaak van een verhaal voor onze samenleving*. Prometheus.

Sannino, A., Engeström, Y., & Lemos, M. (2016). Formative Interventions for Expansive Learning and Transformative Agency. *Journal of the Learning Sciences*, null-null. https://doi.org/10.1080/10508406.2016.1204547

Sannino, A. (2022). Transformative agency as warping: How collectives accomplish change amidst uncertainty. *Pedagogy, Culture & Society*, *30*(1), 9–33. https://doi.org/10.1080/14681366.2020.1805493

Van de Pol, J., Volman, M., & Beishuizen, J. (2010). Scaffolding in Teacher–Student Interaction: A Decade of Research. *Educational Psychology Review*, *22*(3), 271–296. https://doi.org/10.1007/s10648-010-9127-6

Van Schaik, M. (2021). Open die doos. In *Zin en betekenis van het practoraat Hybride ondefwijs* (pp. 45–60). Phronese.

van der Veen, C., & van Oers, B. (2019). De Cultuurhistorische Onderwijspedagogiek als narratief: Een reflectie op 50 jaar theorie-gestuurde praktijkvernieuwing in het onderwijs. *Pedagogiek*, *39*(3), 291–309. https://doi.org/10.5117/PED2019.3.003.VAND

Bijlage 1 Methoden en instrumenten

De case studies doen we in de vorm van guerilla-onderzoek: een onderzoeksaanpak om in korte tijd data te verzamelen. Naast en in het guerrilla-onderzoek hebben we een aantal potentiële instrumenten tot onze beschikking om de praktijken te bevragen en eventueel later te volgen:

- History wall

- Experience Sampling Method;

- Didactische vragenlijst/observatie;

- Hybride Leeromgeving - scan;

- First-person methods.

Om de kwaliteit van het werk van het practoraat te garanderen, wordt gebruik gemaakt van bestaande modellen bij het opstellen van plannen en worden gevalideerde instrumenten gebruikt). Daarnaast worden regelmatig plannen, rapportages en uitkomsten voorgelegd aan interne en externe partijen, ter validering (peer-review).

Onderwijscafé

Overkoepelend over de verschillende praktijken (van opleidingen, projecten en casussen) organiseren we onderwijscafé's. Met als overkoepelend thema de krachtigere leeromgeving, vragen we medewerkers en studenten om onderwerpen aan te dragen waar we met dynamische werkvormen over in dialoog gaan. Doel van een café is om de deelnemers instrumenten te geven om hun praktijk te helpen ontwikkelen.

History wall

Na de eerste verkenning en bezoek/kennismaking met deelnemers aan een changelab, maken we met hen vervolgens een history wall om de voorbije ontwikkeling in beeld te krijgen en eerder genomen stappen met elkaar in verband te brengen (zie bijv. Sannino, 2022; Gorman, 2022). Deelnemers schrijven en tekenen op een muur de geschiedenis. Die muur blijft zichtbaar tijdens volgende sessies en wordt telkens aangevuld. Zodoende kan deze dienen om contradicties en objecten telkens te herformuleren en uitkomsten zichtbaar te maken.

Experience Sampling Method ("Vragenapp")

Om inzicht te krijgen in dagelijkse patronen en ervaringen gebruiken sociale wetenschappers de experience sampling method (ESM; Rhee et all, 2020). Het is een type vragenlijst die gedurende een periode op gezette, soms willekeurige, momenten de deelnemers vraagt hun ervaringen te delen. Zo kunnen vluchtige en subjectieve ervaringen vastgelegd en geanalyseerd worden.

Tegenwoordig worden daar technologische toepassingen voor gebruikt, meestal in de vorm van een app op smartphones. Zo gebruikten Akkerman en Bakker (2018) de app Intin om de ontwikkeling van interesses bij adolescenten vast te leggen. Een variant van die app is door studenten van Scalda voor het practoraat Hybride Onderwijs van het Centrum Top Techniek ontwikkeld en is beschikbaar om doorontwikkeld te worden.

Didactische vragenlijst/observatie

Voor het ontwikkelingsgericht onderwijs, dat ook gebaseerd is op de cultuurhistorische theorie, bestaat er instrument om de kwaliteit van het onderwijs bespreekbaar te maken binnen de school. Een deel van dat instrument is goed bruikbaar, na aanpassing, binnen onderwijsteams in het MBO. Het is een pedagogisch-didactische vragenlijst die vanuit de ervaringen en visie van de docenten onderwijspedagogisch richting geeft aan het gesprek over kwaliteit.

Hybride Leeromgeving - scan (van MBO-Rijnland)

Op het MBO-Rijnland is door practoraat/researchlab een scan ontwikkeld om met de teams een eerste stap te zetten naar het verder vormgeven van hybride leeromgevingen (Timmermans, Van Doesum & Zitter, 2022). Deze scan kan gebruikt worden vanaf fase twee als contradicties vragen om een (her)ontwerp.

http://web.mborijnland.nl/researchlab/

<u>First-person methods</u>

De activiteiten waarin het practoraat actief is worden gevolgd/vastgelegd aan de hand van de First-Person Method, zoals Wolf-Michael Roth (2012) die omschreef als manier om praktijken en activiteiten vanuit de eerste persoon te onderzoeken. Deze wijze van onderzoeken is laagdrempelig en houdt het midden tussen een logboek bijhouden en een systeemanalyse zoals dat in een Changelab plaats vindt. Deze aanpak moet leiden naar het kritisch onderzoeken van fenomenen "in such a manner that more general conditions of knowing and learning are exhibited,"(Roth, 2012, p.4). Een van de kernpunten van die methode is dat je probeert je ervaring eerst zo neutraal mogelijk vast te leggen, die reflectie dan even te laten rusten om pas later met de analyse ervan te beginnen (zie verder bijlage 2).

Bronnen

Akkerman, S. F., & Bakker, A. (2019). Persons pursuing multiple objects of interest in multiple contexts. *European Journal of Psychology of Education*, *34*(1), 1–24. https://doi.org/10.1007/s10212-018-0400-2

Gorman, G. (2022). Using a Change Laboratory to voice students' lived experience of moving from face-to-face to online instruction. *Studies in Technology Enhanced Learning*, *3*(1). https://doi.org/10.21428/8c225f6e.e2fe26bd

Rhee, L., Bayer, J. B., & Hedstrom, A. (2020). Experience Sampling Method. In J. Bulck (Ed.), *The International Encyclopedia of Media Psychology* (1st ed., pp. 1–5). Wiley. https://doi.org/10.1002/9781119011071.iemp0030

Roth, W.-M. (2012). *First-persos Methods. Towards a Rigorous Praxis of First-Person Method*. SensePublishers.

Timmermans, J., Van Doesum, K., & Zitter, I. (2022). Het instellingsbreed ontwerpen van hybride leeromgevingen in het middelbaar beroepsonderwijs Een meervoudige case study. *Pedagogische Studiën*, 99(4), 361–378.

http://dx.doi.org/10.1007/978-94-6091-831-5_1

Sannino, A. (2022). Transformative agency as warping: How collectives accomplish change amidst uncertainty. *Pedagogy, Culture & Society*, 30(1), 9–33. https://doi.org/10.1080/14681366.2020.1805493

Bijlage 2 First person method

Roth is een wetenschapper en auteur die voornamelijk werkt vanuit de cultuurhistorische activiteitstheorie, veel onderwijsonderzoek doet in de praktijk (bijvoorbeeld viskwekerijen, scholen met oorspronkelijke inwoners van Canada), veelal over wetenschap en techniek. In zijn boek over de First-Person methods, laat hij zien dat hij ook zijn eigen ervaringen onderzoekt om zijn onderzoek beter te kunnen doen. Het is dus niet zo dat die methode zijn standaardmethode is waaruit zijn wetenschappelijke publicaties volgen.

De eerstepersoonsmethode is veel meer een benadering om 'bij te houden' wat je allemaal ervaart tijdens onderzoek doen (of wat dan ook) en daarop terug te kunnen vallen om patronen te ontdekken en analyses te kunnen doen om weer verder te onderzoeken. Het is als het ware een combinatie en verdieping van een logboek, reflectie en introspectie. Die verdieping zit in de analyse aan de hand van literatuur, ook filosofische/theoretische, en in de poging de persoonlijke ervaring te generaliseren.

De aanpak is goed te vergelijken met onderdelen van actieonderzoek en auto)biografisch onderzoek, met het verschil dat die methoden ook de uiteindelijke vorm van het te publiceren onderzoek bepalen en de first person method dus niet.

In het practoraat gebruiken we de eerstepersoonsmethode om

- onze eigen ervaringen (observaties, ideeën) bij te houden en op terug te kunnen vallen;

- het proces van ons zelf en dat van de praktijken die we onderzoeken vast te leggen;

- waardoor we contradicties in onze en andere praktijken kunnen ontdekken;

- om zo tot diepere analyses te komen dan met empirische data alleen.

Kern van de methode is het 'uitgestelde oordeel' die door *épaché* genoemd wordt

Epoché (from Gr. ἐποχή [epoché], suspension of judgment) is a systematic method for suspending judgment, a process of stepping outside of our usual, mundane, and preconceived notions about how the world works to gain greater insights and better understandings. (p.4)

Deze manier van 'dieper ervaren' bestaat uit drie fasen:

1 De ervaring(en) systematisch produceren, met uitstel van oordeel en interpretatie;

2 Verandering van focus van het 'wat' van de ervaring naar het 'hoe' het proces;

3 De acceptatie van de ervaring (laten rusten).

1 Ervaring produceren

Dit is de fase die het meest lijkt op loggen: leg zoveel mogelijk vast van de ervaring, in ons geval vaak gesprekken, observaties, teksten en wat je opmerkte en opviel. Hoe meer, hoe beter, meestal in steekwoorden en halve zinnen. Let op dat je zo neutraal mogelijk de werkelijkheid vast legt. Dus niet: 'zij zat ongemotiveerd uit het raam te kijken', maar 'de student keek over haar linker schouder richting het raam en leek niet op te merken wat er in de klas gebeurde, toen de docente met haar rug naar de klas uitleg gaf en tegelijk op het bord schreef wat de verhouding water/zout moet zijn'

2 Focus op het proces van de ervaring

Deze fase verdiept het loggen en lijkt op reflectie, maar dan nog steeds zonder oordeel (en dus zonder criteria!). Ga na waarom iets je aandacht opeiste. Waardoor viel iets op? Lag het aan wat je wel/niet kon zien, wat het het geluid of een beweging?

Bijvoorbeeld: de andere studenten keken richting het bord of naar hun laptops, daardoor was dee houding van de student anders dan anderen; rechter op en iets gedraaid richting het raam. Haar hoofd stak als het ware uit boven de rest.

3 Acceptatie

Na een tijd de ervaring rust gegeven te hebben (letterlijk tijd: een halve dag, een uur, een week.) Lees je deze terug en probeer je te verklaren wat hier aan de hand zou kunnen zijn geweest.

Vaak kan dat door gebeurtenissen eerder in de tijd, korter of langer ervoor, in verband te brengen met de beschreven gebeurtenis. Ook kan ander data (teksten, cijfers, opmerkingen in andere contexten) een rol spelen. Proberen deze analyse zo dicht mogelijk bij empirische gegevens te houden.

Bijvoorbeeld: De studente was eerder in de les actief door vier maal een vraag over verhoudingsgetallen te stellen. Ze had gezegd dat ze moeite had met de inhoudsmaten ('Wat is een dl? Ik snap dat niet.'). Eerdere beoordelingen van dit vak waren net voldoende. Het kan dus zijn geweest dat ze afhaakte van de instructie, omdat ze het niet meer kon volgen. Dat is een bekend verschijnsel, dat docenten vaak als ongemotiveerdheid interpreteren.

Contradicties

Na deze stappen van époché laten we de ervaring voor wat die is.

Als we de praktijk waarin de ervaringen zijn opgedaan verder analyseren tijdens de changelabs, en we op zoek gaan naar mogelijke contradicties, kunnen ze gebruiken om processen in de praktijk met elkaar in verband te brengen. We gaan op zoek naar (in)consistentie in ervaringen van ons als onderzoekers, ervaringen en uitspraken van deelnemers en teksten, documenten en eventueel kwantitatieve data.

Een docente zou kunnen zeggen dat studenten 'vaak' afhaken en ongemotiveerd lijken, dat ze daarom slechtere beoordelingen halen en dus uitvallen. Met bovenstaand voorbeeld kunnen we die stelling verder uitwerken en bevragen: waardoor zou het komen dat studenten afhaken, hoe merkt de docente dat?

Niet om de docente (of student) onze interpretatie als tegenstelling voor te leggen, of, erger nog, te overtuigen van haar ongelijk, maar om te laten zien dat je er op verschillende manieren tegenaan kunt kijken. Dat de ervaring van de student mogelijk een andere is dan die van de docent. Dat dat de mogelijke contradictie waar we voorbij moeten komen en waarvoor we instrumenten zouden kunnen ontwikkelen in het changelab.

De contradicties die we vervolgens vast stellen samen met de deelnemers aan de praktijk maken we expliciet en kunnen we dus concreet op basis van ervaringen uitwerken, zodat we ook zicht krijgen op mogelijke volgende stappen in de ontwikkeling van de praktijk (in de zone van naaste ontwikkeling dus voor die praktijk)

Zodoende komen we tot een object waar aan we gaan werken met en in de praktijk.

Bron

Roth, W.-M. (2012). *First-person Methods. Towards a Rigorous Praxis of First-Person Method.* SensePublishers. http://dx.doi.org/10.1007/978-94-6091-831-5_1

Roth, W.-M., & Jornet, A. (2014). TOWARD A THEORY OF EXPERIENCE. *Science Education*, 98(1), 106–126. https://doi.org/10.1002/sce.21085

Bijlage 3 Volledige practoraatsplan (februari 2023)

(Uiteraard is er veel overlap met de tekst hierboven, omdat de startpublicatie grotendeels is gebaseerd op onze plannen).

Inleiding

Op zoek naar een hybride wetenschappelijke praktijk.

Een plan is nodig; een plan is handig; een plan is een mooi hulpmiddel. Toch weet iedereen wel dat de meeste plannen niet op de letter gevolgd gaan worden. En dat geeft ook niet. Dit practoraatsplan is daarom tegelijk grofmazig op de 'doelen', als specifiek op de activiteiten. Die werk- en planwijze lichten we in deze inleiding wat verder toe.

De meeste onderwijswetenschappers en pedagogen weten wel dat Dewey tussen 1894 en 1904 in Chicago een 'laboratory school' had. Daar toetste hij zijn ideeën aan de praktijk en verbeterde hij tegelijk die praktijk daarmee. Uitgangspunt van het curriculum op de labschool waren beroepen en authentieke opdrachten. Hybride onderwijs avant la lettre dus.

Veel minder bekend is dat aan de andere kant van wereld, in Moskou sinds 1956 ook een soort labschool stond. School nummer 91 is opgericht door Russische psychologen Elkoning en Davydov die het werk en de theorie van Vygotskij voortzetten. Deze cultuurhistorische theorie kent veel overeenkomsten met die van Dewey, maar heeft veel praktischere uitwerkingen en concretere psychologische concepten. Inmiddels spreken we van de vierde generatie van de cultuurhistorische theorie, waar ook de het concept van de hybride leeromgeving deels op gebaseerd is.

Het Da Vinci College (2021) heeft in haar visie op practoraten de activiteiten en werkwijze globaal gedefinieerd. Om de beroeps- en opleidingspraktijken te vernieuwen ondernemen practoraten binnen het DVC drie kernactiviteiten: verkennen; ontwikkelen en inbedden. Dat doen ze door werkplaatsen te creëren waar samen met betrokkenen nieuwe beroepspraktijken worden onderzocht, gerealiseerd en gedeeld.

Omdat de theorieën van Dewey en Vygotskij ook achter en onder die van hybride leeromgevingen liggen, en omdat Da Vinci College (DVC) vanuit de practoraten hun leergemeenschap over hybride leeromgevingen wil voeden, is het passend om ook die theorieën te gebruiken bij het formuleren van onze werkwijze en activiteiten. Bovendien is uit de woorden 'ontwikkelen', 'werkplaatsen' en 'realiseren' te zien dat de praktijk leidend moet zijn. Net zoals bij Vygotskij en Dewey dus.

Bij verkennen, ontwikkelen en inbedden kiezen we er in dit plan voor om de nadruk te leggen op het ontwerpen/ontwikkelen. Het ontwerpen is ook een activiteit die goed past bij het werk van docenten. We willen namelijk niet alleen ontwerpen vóór de praktijk(en), maar vooral mét de praktijken. Dan is het zinvol om een werkwijze te kiezen die de deelnemers al beter kennen. Docenten ontwerpen namelijk iedere dag hun lessen al; de stap naar het ontwerpen van nieuwe (hybride/krachtige) praktijken is dan snel gezet (vergelijk ook Van der Sande & Van Schaik, 2017).

Onderzoeken is onderdeel van het ontwerpen: meestal in de verkennende en evaluerende fases. Daarnaast zullen we ook het proces van het practoraat zelf onderzoeken. De manier van onderzoeken, die we hieronder verder toelichten, heeft tot doel om zelf ook een hybride praktijk te zijn. Of zoals Latour het formuleerde, we willen dat

> *de vorming van netwerken tussen alle bovengenoemde grootheden (...) van de hybride wetenschappelijke praktijk een belangrijke rol (speelt).(Geciteerd in Van der Veen & Van Oers, 2019, p. 7)*

We zitten dus niet in een ivoren toren, maar we ondernemen directe actie met de deelnemers in de werkplaatsen en ontwerpgroepen (zie ook Stetsenko, 2017). We doen dat onderzoekend, in die zin dat we onderzoeksinstrumenten en theorie gebruiken om de praktijk beter en dieper te kunnen begrijpen. Dit is waar onderzoek, ontwerp en ontwikkeling samenkomen.

De theorie die we hiervoor vooral zullen gebruiken is de cultuurhistorisch activiteitstheorie, of cultuurhistorische theorie/benadering, gebaseerd op de ideeën van Vygotskij. Hij had een uitgesproken opvatting over onderwijs en over de relatie tussen theorie en praktijk (zie Van Schaik, 2021) en ziet de menselijke ontwikkeling in het algemeen als iets dat door de cultuur wordt aangezet en waar het gaat om het beter leren deelnemen aan praktijken door het leren van bestaande instrumenten uit die cultuur.

De activiteitstheorie of handelingstheorie is een iets minder bekende stroom binnen deze benadering waarin het handelen/de activiteit centraal staat (Dit in tegenstelling tot bij andere (leer)theorieën bijvoorbeeld het brein of de cognitie van een individu.) Engeström is met zijn groep in Finland een van de bekendste wetenschappers die de theorie nog steeds verder ontwikkelen.

De activiteitstheorie, zoals geïnterpreteerd door Engeström, is complex en kent veel aspecten. Voor deze inleiding is van belang dat dus de activiteit centraal staat en dat de activiteit gericht is op een object: waar aan wordt gewerkt?

Dat object is meer dan een doel, het is de richting waarop het handelen gericht is. De uitkomst van het werken aan het object kan een instrument (tool) zijn dat in een volgende activiteit ingezet kan worden. De uitkomsten kunnen ook breder en niet vooraf gedefinieerd zijn, dan is er sprake van 'expansief leren': meer leren dan er vooraf bedacht kan worden (zie Engeström, 2010). Dat is waar we op uit zijn. Voor dit plan betekent dit

- We nemen de ervaringen van de docenten, studenten, betrokkenen in de beroepspraktijk en die van de onderzoekers in het practoraat als uitgangspunt;

- We werken tijdens de verkenningen (eerst en vooral) divergent: we zoeken naar mogelijke contradicties in de te ontwikkelen (tussen)praktijken (Zitter, 2021; zie verder).

· We zien de interventies die we doen als formatief (Sannino, Engeström & Lemos, 2016. Zie hoofdstuk 1)

Het gevolg is dus dat we niet met een klassieke onderzoeksaanpak de aanvankelijke onderzoeksvraag verder preciseren en de concepten daarin operationaliseren. We gaan eerst op zoek naar hoe de praktijken die er nu zijn werken en waaraan daar gewerkt wordt (aan welk object). Die zoektocht is zowel theoriegestuurd als praktijkgestuurd. Van der Veen en Van Oers (2019) beschrijven een vernieuwingsproces van het ontwikkelingsgericht onderwijs in Nederland, dat gebaseerd is op de cultuurhistorische theorie. Ze laten zien dat

> *"(...) theorie en praktijk niet gescheiden moesten worden, maar dat elke praktijk gestuurd werd door (praktijk-)theorieën van docenten, terwijl ook wetenschappers er normatieve denkbeelden op na houden over wat een ideale en realiseerbare onderwijspraktijk zou kunnen zijn."(p.298)*

We willen de doelen uit de praktijk laten ontstaan. In plaats van doelen formuleren we activiteiten en de bijbehorende mogelijke objecten, waaraan we met betrokkenen verder invulling geven met behulp van theoretische concepten. Zo ontstaat een tussenpraktijk met gedeelde objecten: tussen de activiteiten van het practoraat zelf en de deelnemers in activiteiten die we volgen en waarmee we samen werken groeit een gezamenlijke activiteit met gedeelde objecten (Zitter, 2021). Een hybride wetenschappelijke praktijk dus.

In dit practoraatsplan starten we in hoofdstuk 1 met onze uitgangspunten, in de vorm van visie, ambities. Daarna volgt de globale fasering van onze activiteiten in hoofdstuk 2 aan de hand van de cyclus van expansief leren. In hoofdstuk beschrijven we de methoden en instrumenten die we daarvoor inzetten, zoals onder andere het changelab, de experience sampling methode en een didactische vragenlijst. De casussen waarmee we onze verdere verkenningen en analyses beginnen staan in hoofdstuk 4 beschreven. Tot slot volgen in hoofdstuk 5 onze samenwerkingen en de organisatie van het practoraat.

Hoofdstuk 1

Contradicties, Objecten en activiteiten

De beroepspraktijk als leeromgeving varieert veel meer dan de leerpraktijken binnen school. Er zijn praktijken waar meer traditioneel gewerkt wordt terwijl andere praktijken nieuwe methoden omarmen. Dit leidt soms tot een spanningsveld tussen school en praktijk. Bijvoorbeeld een student van de opleiding MBO-verpleegkundige leert op school dat ze moet aansluiten bij de behoeften van de cliënt en dus handelingen niet op te dringen (zoals het uit bed komen). Tijdens haar stage krijgt ze te horen: als de cliënt niet uit bed wil, moet je de deken wegtrekken. Daar zit een flinke discrepantie tussen, want de studenten leren op de opleiding dat ze, door de deken weg te trekken, de cliënt aantasten in zijn eigenheid. Andersom komt het ook voor: een student komt in een instelling waarbij ze leert dat ze de zelfredzaamheid van de bewoners moet bevorderen, terwijl de schoolopdrachten uitgaan van het overnemen van zorgtaken. En soms zit er verschil in de verwachting van het niveau: een student van de opleiding Onderwijsassistent krijgt opdrachten mee voor op de stageschool, waarvan de school zegt: dat lijkt wel Pabo-niveau, dat verwachten wij niet van een onderwijsassistent.

Visie en ambitie en werkagenda

Binnen de sector gezondheidszorg en welzijn willen we een krachtige leeromgeving creëren waarin authentieke beroepssituaties worden gecombineerd met de nieuwste ontwikkelingen in het werkveld, zodat studenten zich kunnen ontwikkelen tot de medewerker van de toekomst, die kunnen participeren in een dynamische arbeidsmarkt. In deze leeromgeving moet een wisselwerking met het werkveld gerealiseerd worden, zodat zowel studenten, docenten als medewerkers uit de praktijk opgeleid kunnen worden.

Een belangrijke voorwaarde voor het creëren van zo'n krachtige leeromgeving, identificeren wij als 'het spreken van dezelfde taal'. Daarmee bedoelen we onder andere dat wij als opleiding en het werkveld de verwachtingen van elkaar duidelijk moeten hebben, maar ook dat we elkaar begrijpen als we samen bijvoorbeeld aan de punten uit de werkagenda MBO werken. Wat zeggen we en wat bedoelen we? Interpreteren we de prioriteiten op dezelfde manier? Aangezien de kwaliteitsagenda van Da Vinci College vanaf 2022 nog opgesteld moet worden, verbinden we de ambities van het practoraat aan twee van de drie prioriteiten die door de minister voor het MBO zijn geformuleerd.

Verbeteren de aansluiting onderwijs-arbeidsmarkt

Aan de hand van onderstaande vragen werken we samen met het werkveld aan krachtiger onderwijs- en leeromgevingen te ontwikkelen en komen

- Wat moet de student/beginnend beroepsbeoefenaar kunnen om goed voorbereid te kunnen starten in de praktijk?

- Wat zijn de verantwoordelijkheden van ons als opleiding en wat zijn de verantwoordelijkheden van het werkveld?

- Wat is passend bij de ontwikkeling waarin de student zich bevindt?

- Onderwijs voor de toekomst: kwaliteit, onderzoek en innovatie

Het practoraat functioneert in de organisatie en in het bijzonder in de sector zorg en welzijn aan aanjager, stimulator en inspirator voor het doorontwikkelen van het onderwijs. We richten de focus van het practoraat in eerste instantie vooral op het doelgebied ontwerpen en deels op professionalisering en veranderen (zie verder hoofdstuk 5).

Tussenpraktijken: hybride leer- en onderzoeksomgevingen.

Het 'willen spreken van de dezelfde taal' en het op zoek gaan naar de verdeling van de verantwoordelijkheden betekent dat er, in de woorden van Zitter, gezocht wordt naar een tussenpraktijk. Voor de studenten een praktijk tussen school en werk. Het is een vorm van hybridiseren van het onderwijs (Zitter,2021).

Wat voor de studenten geldt, geldt ook voor de docentonderzoekers en de practor. Vanuit de eerder genoemde activiteitstheorie geredeneerd, en waarmee we een hybride onderzoekspraktijk beogen, wordt dan ook het practoraat zelf een hybride praktijk tussen onderwijs, onderzoek, ontwerp en ontwikkeling.

Aangezien tussenpraktijken zich meestal niet zelf ontwikkelen is de kernactiviteit van het practoraat het doen ontwikkelen van tussenpraktijken (inclusief die van haar zelf). De aanpak daarvoor volgt het model van de formatieve interventie (Sannino, Engeström & Lemos, 2016).

"In formative interventions, the design is driven by historically formed contradictions (Engeström & Sannino, 2011) in the learners' activities and is the result of their collective efforts to understand and face these contradictions and the problems they engender. The collective design effort is itself the core of an expansive learning process, involving reconceptualization and practical transformation of the object of the learners' activity." (Sannino e.a., 2016, p. 3)

Het niet spreken van dezelfde taal is een voorbeeld van in het citaat genoemde contradictie, die, zodra een poging gedaan wordt tot een gezamenlijk taal te komen, tot transformatie leidt en tot expansief leren. Dat wil zeggen, de praktijk ontwikkelt zich verder en mogelijk in niet vooraf te formuleren richtingen.

Vanuit een geobserveerde contradictie volgt een object waarop het handelen van de groep (het practoraat of een andere ontwikkelgroep waar leden van het practoraat bij betrokken zijn) gericht is. We 'werken aan' een object. Vaak zullen dat ontwerpactiviteiten zijn en is het object dus het onderwijsontwerp of prototype (project van studenten, curriculumdelen enz.). Op andere momenten kan het object ook een protocol, een richtlijn, een analyse etc. zijn. Belangrijkste kenmerk van het object zou moeten zijn dat het als instrument kan gaan dienen dat ook buiten de activiteit waarin het is ontwikkeld gebruikt kan worden. Een projectopzet voor één opleiding kan ook dienen voor een andere, bijvoorbeeld.

Zodoende worden objecten dan ook boundary objects, waarmee de impact van de oorspronkelijke activiteit de grenzen van die activiteit overstijgt. Dan spreken we dus van boundary crossing en expansief leren (zie hoofdstuk 2).

Het gevolg van bovenstaande is dat in dit plan niet vooraf volledig uitgewerkte doelen (SMART) geformuleerd worden, en er ook geen scheiding gemaakt wordt tussen het experiment, de innovatie en het onderzoek. Dat zijn namelijk allemaal mogelijke activiteiten die zinvol kunnen zijn, afhankelijk van de gesignaleerde contradictie en het daaruit volgende object van de activiteit.

In latere fases kunnen we echter wel scherpere doelen en interventies definiëren, daarvoor zullen we de CIMO-systematiek gebruiken (Denyer, Tranfiels & Van Aken, 2008).

De kernactiviteit van het practoraat is het opzetten van formatieve interventies. Interventies die zichzelf nog zullen vormen in de loop van de activiteit.

De methode die we daarvoor beogen is de opzet van het Change laboratory (Sannino e.a., 2016), die consistent is met het concept van formatieve interventies en ook vanuit de cultuurhistorische activiteitstheorie. Een CL is een specifieke vorm van een community of practice (Lave & Wenger, 1991) en is te vergelijken met wat nu vaak met de term Professionele Leergemeenschap wordt aangeduid. Het verschil is dat leren niet het object van de activiteit is.

In het volgende hoofdstuk beschrijven we de fasering van onze aanpak aan de hand van de cyclus van expansief leren.

Hoofdstuk 2

Expansief leren

Expansief leren is volgens Engeström 'ontwikkeling'. Dit houdt in dat deelnemers in een activiteitssysteem een gezamenlijk leer- en ontwikkelingsproces doormaken bij het uitvoeren van activiteiten. Dat proces levert op dat er iets wordt geleerd of ontdekt wat nog niet eerder bekend was waardoor (het object van) een activiteit kan worden uitgebreid of veranderd (Bakker, 2014, p.46). Expansief is te zien als een cyclisch proces zoals in afbeelding 1.

De cyclus van expansief leren is consistent met het werken in een Changelab (CL) als formatieve interventie. Het CL is de aanpak binnen de cyclus van expansief leren waarbij in een vast aantal sessies aan een object gewerkt wordt. Het werken aan dat ene specifieke object is dan wel eindig, het ontwikkelproces zelf niet (Sannino, Engeström & Lemnos, 2016).

Het werken aan een object, nadat eerder de contradicties in beeld gebracht zijn, kan gezien worden als 'warping' (Sannino, 2022). Samen proberen we een werpanker zo te werpen dat de gemeenschap (weer) vooruit komt.

Jaarlijks proberen we tenminste één keer de cyclus te doorlopen met één of meerdere Changelabs als interventie aan de hand van de volgende stappen:

Huidige situatie verkennen door middel van onder andere 'guerrilla research' en case studies

1. Analyse van de contradicties
2. Opzetten van modellen en instrumenten voor tussenpraktijken
3. Uitwerken en testen van modellen en Instrumenten
4. Implementeren van modellen en instrumenten
5. Reflectie op volgende cyclus
6. Consolideren van de tussenpraktijk of uitbreiden naar andere praktijken

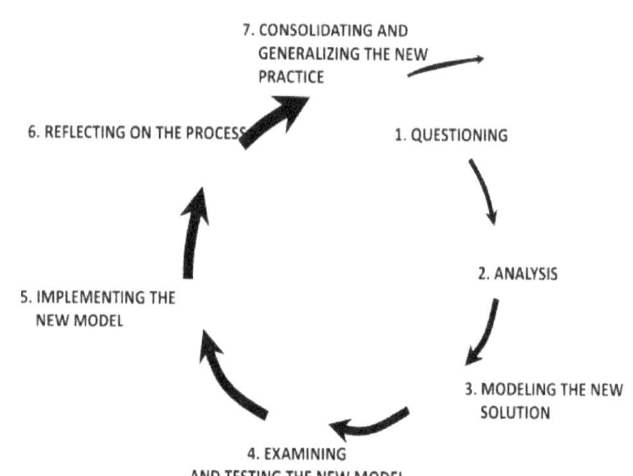

Figure 3. The cycle of expansive learning (Engeström & Sannino, 2010, p. 8).

Afbeelding 1: cyclus van expansief leren

Periodisering

Als uitgangspunt voor de planning van de cyclus nemen we het studiejaar als indeling dat start in september en eindigt in juli en de grove indeling van het expansief leren in 5 fasen. De fases overlappen elkaar bewust, omdat volgende stappen meestal al wel genomen, of in ieder geval gepland, moeten worden voordat de eerdere fase nog niet geheel is afgerond. Door de overlap in fasen, overlappen die opeenvolgende cycli elkaar ook.

Voor het practoraat zelf is de onderstaande planning relevant, voor de praktijken waar we changelabs opzetten start de cyclus in december.

- Huidige situatie verkennen: september - december

- Analyse contradicties: december - maart

- Opzetten modellen en instrumenten tussenpraktijken: maart - juni

- Uitwerken en testen modellen en instrumenten: april - juli

- Implementeren van modellen en instrumenten: september - december

- Reflectie op volgende cyclus : oktober - december

- Consolideren: december-maart

De cyclus van expansief leren wordt zowel gebruikt voor de (tussen)praktijken waarin we een Changelab opzetten, voor de hele sector, als voor het practoraat zelf.

In dit practoraatsplan beschrijven we in het volgende hoofdstuk de methode en instrumenten van fase 1 en 2 en slechts globaal fase 3.

Hoofdstuk 3

Opklimmen van abstracte concepten naar concrete praktijken

Om tot expansief leren te komen, van studenten én docenten én hele teams, willen we samen met de collega's 'werpankers' maken. Zoals eerder beschreven is het doel van werpankers om vooruit te komen (warping).

Fase 1: Bevragen praktijken - september 2022 tot december 2022

Vanuit de praktijken waarin wijzelf en ons netwerk actief zijn bevragen we wat er waarom gebeurt en zoeken we naar mogelijke tegenstellingen (contradicties) binnen en tussen activiteitssystemen.

Deze case studies in de vorm van changelabs pakken we 'quick & dirty' aan, ook wel guerilla-onderzoek genoemd. Guerrilla-onderzoek is een vorm van onderzoek om in korte tijd data te verzamelen, in ons geval tijdens een veldbezoek aan elke locatie en ter plekke te gaan kijken wat er voor handen is, om zo snel mogelijk de inzichten terug te kunnen koppelen (Verdonschot, De Jong & Van Rooij 2006).

Naast en in het guerrilla-onderzoek hebben we een aantal potentiële instrumenten tot onze beschikking om de praktijken te bevragen en eventueel later te volgen.

Onderwijscafé

Overkoepelend over de verschillende praktijken (van opleidingen, projecten en casussen) organiseren we onderwijscafé's. Met als overkoepelend thema de krachtigere leeromgeving, vragen we medewerkers en studenten om onderwerpen aan te dragen waar we met dynamische werkvormen over in dialoog gaan. Doel van een café is om de deelnemers instrumenten te geven om hun praktijk te helpen ontwikkelen.

History wall

Na de eerste verkenning en bezoek/kennismaking met deelnemers aan een changelab, maken we met hen vervolgens een history wall om de voorbije ontwikkeling in beeld te krijgen en eerder genomen stappen met elkaar in verband te brengen (zie bijv. Sannino, 2022; Gorman, 2022). Deelnemers schrijven en tekenen op een muur de geschiedenis. Die muur blijft zichtbaar tijdens volgende sessies en wordt telkens aangevuld. Zodoende kan deze dienen om contradicties en objecten telkens te herfomuleren en uitkomsten zichtbaar te maken.

Experience Sampling Method ("Vragenapp")

Om inzicht te krijgen in dagelijkse patronen en ervaringen gebruiken sociale wetenschappers de experience sampling method (ESM; Rhee et all, 2020). Het is een type vragenlijst die gedurende een periode op gezette, soms willekeurige, momenten de deelnemers vraagt hun ervaringen te delen. Zo kunnen vluchtige en subjectieve ervaringen vastgelegd en geanalyseerd worden.

Tegenwoordig worden daar technologische toepassingen voor gebruikt, meestal in de vorm van een app op smartphones. Zo gebruikten Akkerman en Bakker (2018) de app Intin om de ontwikkeling van interesses bij adolescenten vast te leggen. Een variant van die app is door studenten van Scalda voor het practoraat Hybride Onderwijs van het Centrum Top Techniek ontwikkeld en is beschikbaar om doorontwikkeld te worden.

Didactische vragenlijst/observatie

Voor het ontwikkelingsgericht onderwijs, dat ook gebaseerd is op de cultuurhistorische theorie, bestaat er instrument om de kwaliteit van het onderwijs bespreekbaar te maken binnen de school. Een deel van dat instrument is goed bruikbaar, na aanpassing, binnen onderwijsteams in het MBO. Het is een pedagogisch-didactische vragenlijst die vanuit de ervaringen en visie van de docenten onderwijspedagogisch richting geeft aan het gesprek over kwaliteit. De laatste versie ervan is te vinden in bijlage 2.

Hybride Leeromgeving - scan (van MBO-Rijnland)

Op het MBO-Rijnland is door practoraat/researchlab een scan ontwikkeld om met de teams een eerste stap te zetten naar het verder vormgeven van hybride leeromgevingen (Timmermans, Van Doesum & Zitter, 2022). Deze scan kan gebruikt worden vanaf fase twee als contradicties vragen om een (her)ontwerp.

http://web.mborijnland.nl/researchlab/

First-person methods

De activiteiten waarin het practoraat actief is worden gevolgd/ vastgelegd aan de hand van de First-Person Method, zoals Wolf-Michael Roth (2012) die omschreef als manier om praktijken en activiteiten vanuit de eerste persoon te onderzoeken. Deze wijze van onderzoeken is laagdrempelig en houdt het midden tussen een logboek bijhouden en een systeemanalyse zoals dat in een Changelab plaats vindt. Deze aanpak moet leiden naar het kritisch onderzoeken van fenomenen "in such a manner that more general conditions of knowing and learning are exhibited,"(Roth, 2012, p.4). Een van de kernpunten van die methode is dat je probeert je ervaring eerst zo neutraal mogelijk vast te leggen, die reflectie dan even te laten rusten om pas later met de analyse ervan te beginnen.

Zowel de case studies zelf als de activiteiten van het practoraat zelf worden op deze manier vastgelegd en geanalyseerd.

Op basis van deze verkenning wordt een visueel overzicht gemaakt dat tijdens startsymposium (met openingsrede van de practor) gepresenteerd wordt.

Fase 2 : Contradicties analyseren - december tot maart 2023

Zodra eerste praktijken globaal in beeld zijn gebracht, worden die praktijken waar een interventie het meest passend en kansrijk is geselecteerd voor het inrichten van een Changelab ((Sannino, Engeström & Lemnos, 2016).

Een changelab-interventie bestaat meestal uit 1-6 sessie met de deelnemers aan de praktijk. De eerste twee tot drie sessie van de changelabs vallen min of meer onder fase twee van dit plan. In een voorbereidende sessie en sessie één worden de door het practoraat geformuleerde potentiële contradictie verder uitgewerkt tot een activiteit gericht op het ontwikkelen van mogelijke tussenpraktijken.

Met de deelnemers aan het changelab voeren we samen een systeemanalyse uit met behulp van instrumenten en theoretische concepten uit de cultuurhistorische activiteitstheorie (CHAT). In feite theoretiseren we de praktijk. Of zoals Davidov (1990 in Engeström, 2020) dat formuleerde: we klimmen op van abstract naar concreet. Abstracte concepten van CHAT 'vertalen we naar concrete handelingen en activiteiten in de praktijk. We maken zo dus een gezamenlijke taal.

Dat theoretiseren is misschien wel urgenter dan ooit omdat

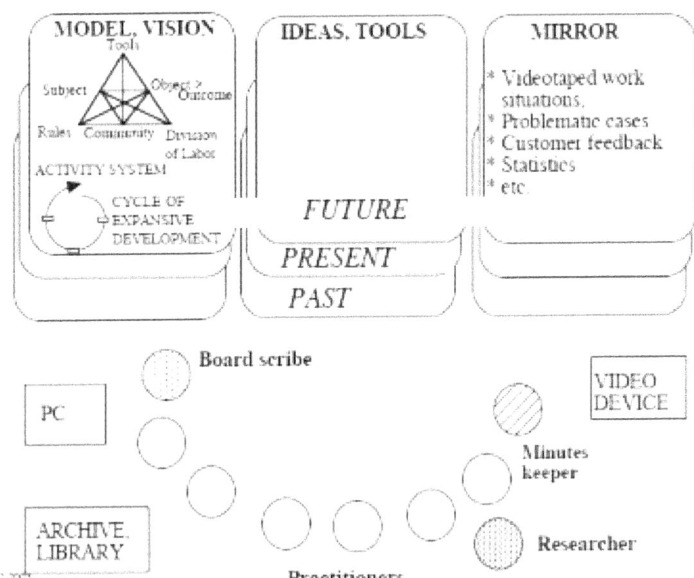

Grafisch zou je een changelab weer kunnen geven zoals in afbeelding 2 hieronder.

Afbeelding 2: Schematische opzet van een changelab

Fase 3: modelleren van mogelijke (instrumenten voor) tussenpraktijken

Zoals fase 2 zal bestaan uit de eerste sessies van de changelabs, begint de volgende fase van dit plan met sessies 3-5 van de changelabs. Dan worden vanuit de eerste analyses voorstellen en plannen in de vorm van modellen gemaakt om tussenpraktijken te creëren of doorontwikkelen.

Deze fase en de volgende fasen zijn bij het schrijven van dit plan nog niet concreet in te vullen, omdat de richtingen en dus de methoden ervoor vooral door en met de deelnemers zullen worden bepaald.

Zodra uit de eerste voorstellen voor het overkomen/oplossen van contradicties mogelijke interventies in kaart zijn gebracht, kunnen die interventies beschreven worden volgens de CIMO-systematiek (Denyer, Tranfiels & Van Aken, 2008). Deze systematiek houd tegelijk de complexe praktijk in het oog als dat het gebruik maakt van eerder onderzoek en theorie.

De Context-Interventie-Mechanisme-Outcome-logica (CIMO) is een logica bij de vormgeving, implementatie en verbetering van onderwijsinterventies (zie ook Van den Berg, Hoeve & Zitter, 2012). Interventies betreffen gerichte activiteiten om de praktijken onderbouwd te doen (door)ontwikkelen. De CIMO-logica draagt tevens bij aan kennis over hoe en waarom interventies tot bepaalde uitkomsten leiden en wordt daarom ingezet om interventies te begrijpen, monitoren en bij te sturen.

Hoofdstuk 4

Casussen

Het guerilla-onderzoek in de eerst fase zal beginnen met de volgende casussen. Mogelijk groeien deze casussen uit tot changelabs. Ze vormen het startpunt van het in kaart brengen van de mycohrrizae.

1 'Teaming in de Tussenruimte '(een onderzoeksproject van de Hogeschool Utrecht waarin we partner zijn)

Onderzoeker: Jolanda Witte/Martijn van Schaik

Praktijk: ASVZ - Touwbaan 23

Activiteit(en): Volgen en loggen van de praktijk en het onderzoek.

Object: dynamische samenwerking in wisselende teams

Deelnemers: Studenten DVC en begeleiders ASVZ

Mogelijke contradicties: eisen en werkzaamheden binnen de praktijk en opdrachten/mogelijkheden vanuit de opleiding.

2 Projecten grens school & werk in bibliotheek

Onderzoeker: Hanneke

Praktijk: onderwijs van de opleiding Social Work

Activiteit(en): Projecten van studenten in verbinding tussen opleiding en beroepspraktijk

Object: Projecten als grensobject

Deelnemers: docenten en studenten SW en begeleiders op werkplek

Mogelijke contradicties: dynamiek van de werkplek en eisen uit de opleiding.

3 Hybride leeromgeving PIT (IKC Zwijndrecht en omgeving) OA

Onderzoeker: Jolanda/Henny

Praktijk: IKC-Lab

Activiteiten:studenten met behulp ban projectkaarten aan de slag gaan met een project in de organisatie.

Object: begeleiding van activiteiten van studenten in het werkveld

Mogelijke contradicties: Hoe spreek je dezelfde taal en leidt je echt samen op?

4 Studentenarena's bij PW/OA

Onderzoeker Hanneke

Praktijk: onderwijs van de opleiding PW/OA

Activiteiten: het inzetten van studentenarena's voor de evaluatie van het onderwijs

Object: kwaliteit van het onderwijsaanbod en didactiek

Deelnemers: docenten en studenten van PW/OA

Mogelijke contradicties: ervaring van studenten en die van docenten m.b.t. het onderwijs.

5 Simulatielokaal VIG/MZ

Onderzoeker Martijn

Praktijk: simulatieonderwijs van de opleiding VIG/MZ

Activiteiten: Simuleren met robots en acteurs bij scenarioleren

Object: didactiek en professionaliseren docenten en betrekken veld en studenten bij scenario's

Deelnemers: docenten en studenten VIG/MZ

Mogelijke contradicties: waarde van simulatie vs afhankelijkheid van personen

6 Positive Health lab in Sterrenburg

Onderzoeker: Martijn

Praktijk: multidisciplinaire plek in de wijk (ontstaan uit Living lab/Career Boost)

Activiteiten: verbinden van disciplines en bewoners om positive health te bevordern (ihk preventie)

Object: volgen van ontwikkeling van living lab/co-creatie

Deelnemers: bewoners en professionals (+evt studenten) in de wijk

Mogelijke contradicties: beroepsprocedures en protocollen en behoeften van de wijkbewoners

Hoofdstuk 5

Samenwerking, kwaliteit & doorwerking

Samenwerking

Het practoraat Krachtige Leeromgeving werkt samen met andere afdelingen binnen Da Vinci en externe organisaties om de doelstellingen te bereiken. Deze samenwerkingen vinden plaats door middel van individuele en eenmalige opdrachten, maar ook door deelname aan projecten en samenwerkingsverbanden. Een aantal wordt hieronder uitgelicht:

Da Vinci College

Het Practoraat is onderdeel van de sector Zorg & Welzijn. De practor, docent-onderzoekers, curriculum expert en direct betrokken docenten en studenten werken in deze sector. De afdeling Dienst Onderwijs vervult een adviserende rol in het vaststellen van het Practoraatsplan, de scholing van de practor en docent-onderzoekers en in de onderwijskundige advisering en vertaling van nieuw opgedane kennis naar leermaterialen. Verder wordt samengewerkt met het Practoraat van de sector Smart Industries en met het op te richten practoraat bij Economie & Ondernemerschap.

Samenwerking met andere onderwijsinstellingen

Het Practoraat zoekt actief de samenwerking met andere MBO instellingen, voor aansluiting en afstemming met practoraten op aansluitende thema's via bijvoorbeeld stichting Ieder MBO een practoraat.

Onderzoek, ontwikkeling en kwaliteit

Het practoraat neemt actief deel aan relevante projecten en programma's, zoals:

Teaming in de Tussenruimte: Da Vinci College is partner in het RAAK-PRO onderzoek Grensoverstijgend samenwerken in leerwerkomgevingen voor wendbare professionals door Hogeschool Utrecht en Hogeschool Arnhem en Nijmegen. De locatie ASVZ.

Daarnaast zal het practoraat in samenwerking met anderen binnen en buiten de organisatie deelnemen aan aanvragen voor (onderzoeks)subsidies, zoals die van bijvoorbeeld de Nationaal regieorgaan onderwijsonderzoek (NRO).

Regionaal werkveld en tussenpraktijken

In de praktijk tussen het onderwijs op het Da Vinci en het werkveld vinden de interventies plaats met docenten, studenten en experts. Alle deelnemers aan de interventie dragen bij aan het onderzoek.

In de Drechtsteden zijn de afgelopen jaren samenwerkingsverbanden ontstaan waar studenten, docenten van het Da Vinci College samen werken met de partners en medewerkers in het veld. Dat zijn tevens ook de potentiële tussenpraktijk voor Changelabs, bijvoorbeeld schoolbesturen Nestas en H30, Ziekenhuizen, Kinderopvang, ASVZ enz.

Kwaliteit en doorwerking

Om de kwaliteit van het werk van het practoraat te garanderen, wordt gebruik gemaakt van bestaande modellen bij het opstellen van plannen en worden gevalideerde instrumenten gebruikt (zie hoofdstuk 3). Daarnaast worden, zoals in de academische praktijk gebruikelijk is, regelmatig plannen, rapportages en uitkomsten voorgelegd aan interne en externe partijen, ter validering (peer-review). Behalve de direct betrokkenen van een tussenpraktijk/casus, zijn dat intern de sectordirecteur en teamleiders, dienst onderwijs en kwaliteit, de andere practoraten en eventueel het college van bestuur.

We richten de focus van het practoraat in eerste instantie vooral op het doelgebied ontwerpen en deels op professionalisering en veranderen (zie afbeelding 3).

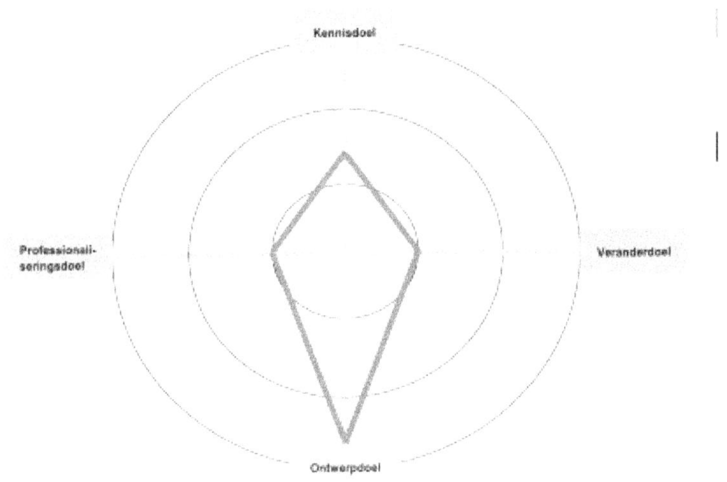

Afbeelding 3: Doelgebieden van het practoraat op basis van Andriessen (2019).

Buiten het Da Vinci College zijn dat verwante practoraten, lectoraten en collega-onderzoekers die we zullen betrekken met behulp van een waarderende review-systematiek zoals die bij het practoraat Brede Vorming van Koen Vos ook is gebruikt (Klaeijsen & Andriessen, 2022).

De kwaliteit die het practoraat beoogd toetsen we aan de algemene doelen voor praktijkgericht onderzoek zoals Andriessen (2022) formuleert, waarbij ons practoraat te typeren is als een 'toolontwikkelaars'.

Andriessen (2019) spreekt in dit kader van 'doorwerkingsverlangens', die wij typeren als ons verlangen om met behulp van samen met de professionals ontwikkelde instrumenten voor de praktijk tussen opleiding en beroep een beweging in gang te zetten. Het practoraat helpt als het ware de betrokkenen een werpanker uit te gooien om in beweging te komen, analoog aan de 'warping-metafoor' van Sannino (2022). Om die ambitie te evalueren verzamelen we

"(…) verhalen over doorwerking, om die vervolgens te ondersteunen met bewijsmateriaal. Het bewijsmateriaal kan bestaan uit bijvoorbeeld getuigenissen van studenten, opdrachtgevers of professionals in het veld, krantenartikelen waarbij and-e ren schrijven over het onderzoek, foto's van evenementen, tevredenheidonderzoeken, interviews etc." (Andriessen, 2019, p. 107)

Organisatie

Onderstaande een schematische weergave van de organisatie:

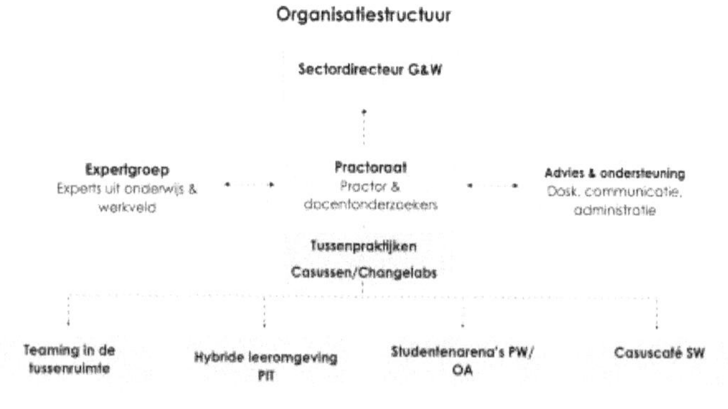

Afbeelding 4: Organogram van het practoraat

Practoraat

Het Practoraat wordt aangestuurd door de practor. De practor is verantwoordelijk voor het behalen van de doelstellingen en rapporteert aan de Sectordirecteur Zorg & Welzijn. De practor is verantwoordelijk voor het opstellen van het Practoraatsplan met een beschrijving van de inhoud en aanpak op hoofdlijnen. Met de docentonderzoekers worden potentiële tussenpraktijken geselecteerd en als een casus beschreven. De docentonderzoekers zijn verantwoordelijk voor een casus. Ze doen de analyses en voorstellen voor interventies en voeren de interventies uit in samenwerking met docenten, studenten en experts. Ze rapporteren de uitkomsten daarvan aan de practor en delen in overleg de opgedane kennis op een passende wijze.

Expertgroep

Het practoraat werkt samen met experts uit het beroepenveld, bij het instellen van het practoraat al betrokken waren. Het Practoraat vraagt advies van de leden van de Expertgroep. Zij vertegenwoordigen de experts uit het beroepenveld. Tweemaal per jaar komen de expertgroep en het kernteam bij elkaar om de voortgang van de onderzoekslijnen te bespreken. Hierin komen ook nieuwe mogelijke opdrachten en de toetsing van de opgedane kennis aan bod. Daarnaast wordt actief gezocht naar samenwerkingen.

Advies en ondersteuning

Het Kernteam krijgt advies en ondersteuning vanuit ondersteunende diensten van Da Vinci op het gebied van onderwijskundig advies, professionalisering, communicatie en administratie.

Middelen

Bij aanvang van het practoraat is de inzet van medewerkers beperkt tot 1,1 FTE. 0,6 fte voor de practor en 0,5 voor docent-onderzoekers. Gezien de ambities van het practoraat, is uitbreiding naar een omvang van 2-2,5 FTE wenselijk.

Belangrijk is de balans tussen het onderzoek van het practoraat en de uitvoering van het reguliere onderwijs. Het onderzoek van het practoraat komt er extra bij. Om goed te functioneren dienen de docent-onderzoekers over voldoende ruimte en tijd te beschikken voor onderzoekstaken. Een onderzoekstaak van 0,4 fte is dan wenselijk.

In kwartaal 1 van 2023 zal een plan worden gemaakt om de omvang van het practoraat te vergroten, door bijvoorbeeld externe financiering door deelname aan subsidieprojecten (samen met de andere practoraten van het Da Vinci).

Bronnen

Akkerman, S. F., & Bakker, A. (2019). Persons pursuing multiple objects of interest in multiple contexts. European Journal of Psychology of Education, 34(1), 1–24. https://doi.org/10.1007/s10212-018-0400-2

Andriessen, D. (2019). Doorwerking van onderzoek in complexe vraagstukken | Hogeschool Utrecht. In N. Montesano-Montessori, M. Schipper, D. Andriessen, & K. Greven (Eds.), BEWEGEN IN COMPLEXITEIT Voorbeelden voor onderwijs, onderzoek en praktijk.

https://www.hu.nl/onderzoek/publicaties/doorwerking-van-onderzoek-in-complexe-vraagstukken

Engestrom, Y., & Sannino, A. (2010). Studies of Expansive Learning: Foundations, Findings and Future Challenges. Educational Research Review, 5(1), 1–24.

Mazereeuw, M. (2022). Begeleiden van vakmensen in ontwikkeling.

Engeström, Y. (2020). Ascending from the Abstract to the Concrete as a Principle of Expansive Learning. Psychological Science and Education, 25(5), 31–43. https://doi.org/10.17759/pse.2020250503

Klaeijsen, A., & Andriessen, D. (2022). Verslag Waarderende Review Practoraat Brede vorming.

Rhee, L., Bayer, J. B., & Hedstrom, A. (2020). Experience Sampling Method. In J. Bulck (Ed.), The International Encyclopedia of Media Psychology (1st ed., pp. 1–5). Wiley. https://doi.org/10.1002/9781119011071.iemp0030

Sannino, A., Engeström, Y., & Lemos, M. (2016). Formative Interventions for Expansive Learning and Transformative Agency. Journal of the Learning Sciences, null-null. https://doi.org/10.1080/10508406.2016.1204547

Stetsenko, A. (2017). The transformative mind: Expanding Vygotsky's approach to development and education. Cambridge University Press.

Timmermans, J., Van Doesum, K., & Zitter, I. (2022). Het instellingsbreed ontwerpen van hybride leeromgevingen in het middelbaar beroepsonderwijs Een meervoudige case study. Pedagogische Studiën, 99(4), 361–378.

Van de Berg, J., Hoeve, A, & Zitter, I. (2012). Op zoek naar wat werkt. Meso Magazine, 32(183), 18–23

Van de Sande, R., & Van Schaik, M. (2017). 'Design As Research (DARe):Wat kunnen architecten ons leren over (opleiden voor) het leraarschap? Tijdschrift Voor Lerarenopleiders, 38(4), 59–68.

Van Schaik, M. (2021). Open die doos. In Zin en betekenis van het practoraat Hybride ondefwijs (pp. 45–60). Phronese.

Van Oers, B. (2019). Sporen van vooruitgang. Reflectie op de bonte ontwikkeling van de Onderwijspedagogiekin Nederland. Vrije Universiteit Amsterdam. https://research.vu.nl/ws/portalfiles/portal/88703547/Afscheidsrede_Oers_Bert_van.pdf

van der Veen, C., & van Oers, B. (2019). De Cultuurhistorische Onderwijspedagogiek als narratief: Een reflectie op 50 jaar theorie-gestuurde praktijkvernieuwing in het onderwijs. Pedagogiek, 39(3), 291–309. https://doi.org/10.5117/PED2019.3.003.VAND

Verdonschot, S., de Jong, T., & Van Rooij, M. (2006). Guerilla-onderzoek: Aanpak ontwikkeld door de OnderzoeksPraktijk.

Zitter, I. (2021). Leeromgevingen in het beroepsonderwijs als knooppunten in onze maatschappij. Lectoraat Beroepsonderwijs, Kenniscentrum Leren en Innoveren, Hogeschool Utrecht.

[1] Veel ideeën in deze tekst zijn geïnspireerd op literatuur waar niet direct volgens APA naar te verwijzen is. Deze bronnen zijn te vinden in de inspiratieleeslijst en aangegeven met een voetnoot. Deze komt van Vygotskij Mind in Society

[2] Het is dé wetenschappelijke praktijk die al door Erasmus ingezet is. Zie de biografie over hem van Langereis

[3] Uit de biologie heel mooi uitgelegd in een Netflixdocumentaire Fantastic Funghi

[4] Ons eigen anker is het practoraatsplan dat in bijlage 3 is opgenomen

[5] Ook weer een idee van Vygotskij en vond ik bij een recente analyse van zijn werk door Stetsenko

[6] Dat is een variant op de history wall zoals in bijlage 1 beschreven is.

[7] Latour is op methodologie en weteschapsfilosofie een grote inspiratie. Lees bijvoorbeeld ook Reassembling the social

[8] Een handig overzicht van hoe deze ideeën zich in Nederland verspreiden is te vinden op http://bertvanoers.nl/short-historical-note-on-cht

[9] Meer dan eigenaarschap. Ook wel handelingsvermogen zoals Priestly en anderen dat beschrijven.

[10] Zie bijlage 1 voor korte uitleg van de instrumenten

About the Author

Sinds 1997 zit Martijn van Schaik in het onderwijs, eerst als gymleraar, daarna ook als onderwijsonderzoeker en lerarenopleider. Zijn onderwijsonderzoek doet hij op de grens van theorie en praktijk, zoals hijzelf ook tussen theorie (wetenschap) en praktijk (lesgeven en begeleiden) beweegt. Dat was zo toen hij lesgaf op een gymnasium, toen hij werkte aan de Vrije Universiteit, toen hij studenten opleidde als leraar voor het basis- en -voortgezet onderwijs. Dat is nog steeds zo nu hij aan zijn tweede practoraat is begonnen bij het Da Vinci College.

De basis en onderbouwing van al zijn onderzoeks- en ontwikkelwerk is de cultuurhistorische activiteitstheorie, gebaseerd op de ideeën van Vygotskij.

Read more at https://www.davinci.nl/practoraten/practoraat-krachtige-leeromgeving/.

About the Publisher

Het Practoraat **Krachtige leeromgeving bij Zorg en Welzijn van het Da Vinci College in Dordrecht** heeft als doel studenten te laten leren van situaties die in het beroep voorkomen. Daarnaast willen we met het werkveld het beroep blijven ontwikkelen.

Belangrijkste activiteit van het practoraat is het uitproberen van nieuwe manieren van samenwerken tussen onderwijsteams en het werkveld. De methode die we daarvoor gebruiken is het *Change laboratory*: een 'veranderlab'. Deze wetenschappelijke manier van werken helpt de docenten, studenten en medewerkers in het veld hun eigen praktijk te verbeteren. Het is dus geen kant-en-klare aanpak die altijd hetzelfde is. Het doel van een changelab is om het onderwijs en de praktijk krachtiger te maken. Krachtiger voor de studenten om het beroep te leren en krachtiger voor het werkveld om bij te kunnen blijven bij de laatste nieuwe ontwikkelingen.

Het practoraat bestaat uit een practor en drie docentonderzoekers